PARADE

CHATEL,

VAUDEVILLE.

NANTES,

IMPRIMERIE DE C. MERSON.

PARADE

CHATEL,

VAUDEVILLE.

(PRIX : 10 CENTIMES.)

NANTES,

IMPRIMERIE DE C. MERSON.

PERSONNAGES.

M. CHATEL, *Primat des Gaules.*
UNE COMMÈRE.
UNE REVENDEUSE.
UN BOURGEOIS.
UN ARTISAN.
PLUSIEURS OUVRIERS.

La scène se passe, à Nantes, dans l'Officine du Primat.

PARADE CHATEL,

VAUDEVILLE.

———◆———

M. CHATEL, *en face du public*.

Air : *Je suis Lindor*.

Je suis Châtel, et dans la capitale,
Pour le bonheur du faubourg Saint-Martin,
De nouveautés j'ai levé magasin;
Je viens ici fonder sa succursale.

Animé de l'amour du prochain, je
n'ai pu sans intérêt envisager les diffi-
cultés qu'on opposait au salut de mes

frères, par l'obligation de remplir des devoirs, d'origine bien ancienne, il est vrai, mais par cela même incompatibles avec un siècle de rénovation. Ainsi j'ai consacré mes loisirs à lui arranger une petite Religion, bien abrégée, bien commode, qui ne lui imposera que de légers sacrifices de temps et même d'inclination.

Air : *A la façon de Barbari.*

Vous qui, de vieux péchés moisis,
Portez la lourde charge,
Venez; ils vous seront remis,
Car j'ai la manche large.
Venez, et n'ayez nul souci,
Près d'un bon enfant, bon luron aussi ;
Oui, je suis un prêtre fini,
Dieu merci,
A la façon de Barbari,
Mon ami.

UN OUVRIER.

Dites donc, Monsieur l'remetteur de péchés, queuq' c'est qu' c't'uniforme que vous portez? Est-il à vous ou d'louage?

M. CHATEL.

Mon ami, cet habit est celui d'évêque.

UN OUVRIER.

Ah! vous êtes évêque. Est-ce aussi à
la façon de Barbari?

M. CHATEL.

Air : *Avec vous sous le même toit.*

Quand la fortune autour de moi,
Va chercher jusque dans la boue
Des intrigants de bas aloi,
Pour les mettre au haut de sa roue;
Lorsque le FAIT a remplacé
Le gothique DROIT légitime,
Châtel s'est mîtré, s'est crossé,   } (*Bis.*)
Et de par son choix unanime.

UN OUVRIER.

C'est différent; vous êtes bien en règle
de c'côté-là. Mais de qui qu' vous t'nez
vot' droit de nous endoctriner?

M. CHATEL.

De moi-même; ne sommes-nous pas libres?

Air : *Mon père était pot.*

Le droit divin est aux abois,
Consommons sa ruine;
Que de lui, l'autel et les rois
Abjurent l'origine :
  Ma religion,
Pleine d'abandon,
Dont j'offre la recette,
  J'en lève la main!
  N'a rien de divin...
Car c'est moi qui l'ai faite.

UN OUVRIER.

C'tependant quand on tombe comm' ça dans une ville, faut pour mériter la confiance du public, avoir des répondants, des papiers.

Air : *Au clair de la lune.*

C'est toujours l'usage
Chez les charlatans,

Pour gagner l'suffrage
De leurs assistants.
C'n'est pas qu' j'épilogue,
Mais vous n'pouvez pas
Débiter vot' drogue,
Sans certificats.

M. CHATEL.

Mon frère, vous n'êtes donc pas au courant de ce qui se passe en ville ? Nous y avons des amis, des soutiens. C'est ici une occasion pour moi d'adresser mes témoignages de reconnaissance aux personnes zélées qui se sont donné tant de peines pour nous procurer quelques inhumations. La manière dont nous nous en sommes acquittés ne laisse plus aucun doute sur notre savoir-faire. Il en sera de même de toutes les autres fontions de notre rôle.

Air : *Accompagné de plusieurs autres.*

Nous enterrons fort proprement,
Sans prières et sans argent,
Ainsi que faisaient les Apôtres.

Nous ne prenons rien....
(Glissant sur les mots suivants:)
On paîra
Un petit tribut , qui sera......

UN OUVRIER.

Accompagné de plusieurs autres.

M. CHATEL.

Non, mon ami , nous ne voulons que le bien de nos frères. Nous avons à la fin changé ce bizarre usage de parler à Dieu dans une langue que la plupart des fidèles n'entendent pas. C'est ce changement qui fait toute la différence entre notre religion et celle catholique , sauf encore quelques petites réformes , dont le détail serait trop long pour le moment. Je suis sûr , mes frères , que vous me remercierez de la liberté que je vous donne de parler à Dieu en français ; car , vous qui m'écoutez ici , vous ne savez pas un mot de latin.

UNE REVENDEUSE.

Air : *Le curé de Pompone a dit.*

Je ne sais pas tant seulement
Le latin de cuisine;
Mais je suis sûre, en le priant,
Que l'bon Dieu me devine.
Je n'irai pas me déranger
De mon ancienne route,
D'ailleurs y a du danger
    A changer:
Nous savons c'qu'il en coûte.

M. CHATEL.

Allons, bonne femme, vous êtes dans les encroûtées; vous tenez à de vieilles habitudes.

LA REVENDEUSE.

Oui, M. l'abbé de rencontre; je tiens à mon clocher, et vous pouvez me rayer du nombre de vos paroissiennes.

M. CHATEL.

Paix, bonne femme, vous troublez la paix céans.

LA REVENDEUSE.

Paix, bonne femme! ça veut dire de me taire. Ah! oui-da, si ça m'fait plaisir. Ma langue peut lâcher quenq' sottises; à deux doigts de jeu entre nous: mais du moins les miennes feront du bruit et pas de scandale.

M. CHATEL.

Nous faisons hommage au beau sexe d'une nouvelle méthode de célébration du mariage, empreinte d'une couleur religieuse tout-à-fait anacréontique: c'est un genre grec tout pur.

Air: *Gai, gai, mariez-vous.*

> Bon, bon, mariez-vous,
> Filles, garçons, à la ronde;

> Bon, bon, mariez-vous,
>   Rien au monde
>   N'est plus doux.

Mesdames, j'ai libellé
Une messe en style tendre,
Jamais Tyrcis ni Sylvandre,
N'ont si tendrement parlé.

> Bon, bon, mariez-vous,
> Filles, garçons, à la ronde ;
> Bon, bon, mariez-vous,
>   Rien au monde
>   N'est si doux.

Du sacrement j'ai rayé
L'austérité qu'on redoute ;
Et c'est au point que l'on doute
Que l'on soit bien marié.

> Bon, bon, mariez-vous,
> Filles, garçons, à la ronde ;
> Bon, bon, mariez-vous,
>   Rien au monde
>   N'est si doux.

UNE COMMÈRE.

Allez donc marier vot' fille à c'te mode,

pour quelle vous tombe queuq' mois
après sur les bras avec un affront ! Point
d' ça, M. l'abbé Chose. On n'ira point à
vot' boutique, entendre des henriettes,
et vos âne ....., je ne sais comment qu'
vous nommez ça. Ma fille se mariera à
la manière d'sa mère. V'la quarante ans
qu' j'suis en ménage ; ça tient ça, mor-
bleu, plus que vos noces en chansons.

M. CHATEL.

Nous ne gênons personne. Les gens
d'esprit nous comprendront mieux que
vous, bonne femme.

LA COMMÈRE.

Quoi qu'i' dit donc avec ses gens d'esprit, c't évêque de contrebande ? Ça
s'rait une sotte chose que l'esprit, si ça
faisait croire à ses balivernes.

UN OUVRIER.

C'est-i' vrai, Monsieur l'évêque, que

vous avez envie d'vous marier aussi
vous?

M. CHATEL.

Et pourquoi pas?

UN OUVRIER.

Parbleu! vous avez bien raison. Dans
une Eglise où n'y a point d'sacrements,
on n'a pas grand'chose à faire, et vaut
autant alors se marier qu'de faire pis.

UN ARTISAN.

Air : *Où s'en vont ces gais bergers.*

Ce s'rait un honneur bien grand
De vous avoir pour gendre;
Mais un chétif artisan
Pourrait-il y prétendre?
(*Faisant le geste du pouce :*)
C'tependant ma fille a d'ça,
Elle est jeune et gentille;
(*Lui présentant la main :*)
Eh! bien, Monsieur l'prélat, touchez là....
Vous n'aurez pas ma fille.

PLUSIEURS VOIX.

Ni la mienne !

UN OUVRIER.

Si c'est là la réponse de tout l'monde,
v'là z'un prêtre qui ne pourra se mettre
en ménage : c'est du guignon, j'espère !

M. CHATEL.

Nous avons apporté une grande amé-
lioration dans la célébration de l'Office.
Nous invitons nos frères à assister à la
grande représentation qui aura lieu dimanche prochain. J'y remplirai le pre-
mier rôle. Vous verrez quelque chose de
très-satisfaisant.

Air : *Nous nous marierons dimanche.*

Car de notre rit
Nous avons proscrit
L'effrayant et le sévère ;
De vos oraisons
J'ai fait des chansons

Pour égayer la matière.
Plus de serpent,
Plus de plain-chant
Antique ;
Rossini m'a
Arrangé ma
Musique :
Quand on m'entendra,
Chacun se croira
Presqu'à l'opéra-comique.

UN OUVRIER.

Combien que l'billet d'entrée coûtera?

M. CHATEL.

Il ne faut point de billet pour entrer.
Il ne sera exigé que le prix des chaises.
Nous recommandons expressément de
ne pas oublier de le payer.

UN OUVRIER.

Dites donc, M. l'abbé, peut-on aussi
vous demander des messes? et les vôtres,
sont-elles bonnes, au moins?

M. CHATEL.

Mon frère, nous en célébrons pour tout le monde. Vous n'avez donc pas lu notre Eucologe ?

Air : *La garde royale est là.*

Mon libéralisme extrême
Fit des messes pour chacun ;
J'en dirais pour Satan même,
De peur d'oublier quelqu'un :
Messes pour Rousseau, Voltaire,
Pour Diderot et Talma ,
Pour Marat et Robespierre.....

UN OUVRIER, *l'interrompant.*

Ma foi, ces prières-là ,
Ça vaudra,
Ça vaudra,
Ça vaudra c'que ça pourra.

UN OUVRIER.

Queu diable de kirielle de noms nous

flanque-t-il là ! J'n'ai vu aucun d'ces individus-là dans la *Vie des Saints*.

UN BOURGEOIS.

Mes chers amis, vous les y chercheriez en vain ; ces saints-là, ce sont des philosophes anti-chrétiens, des comédiens et des révolutionnaires.

UN OUVRIER.

C'est-i' possible ! Qu'est-ce que c'est donc que c't'olibrius-là ?

LE BOURGEOIS.

Vous l'avez déjà dit : un charlatan.

UN OUVRIER.

M. l'abbé, m'est avis qu'vous n'tenez pas long-temps dans l'même lieu. Un particulier vient d'nous dire qu'vous mettez de temps en temps la clé sous la porte, et que vous marchez suivi plutôt d'huissiers que de disciples.

M. CHATEL.

Eh, bien! mes frères, je m'en glorifie; c'est notre genre de persécution. Nos frères, les premiers Chrétiens, n'ont-ils pas, eux aussi, souffert pour leur foi.

Air :

Sous les farouches empereurs,
Ils mouraient pleins d'un saint délire ;
Sous les huissiers, les procureurs,
Moi je consomme mon martyre.
Dans la légende on inséra
Les noms de la sainte milice,
Et le martyr Châtel sera
Inscrit au greffe de justice.

UN OUVRIER.

J'crois ben qu'vous, qu'avez des prières pour tout l'monde, vous n'en aurez guère pour ces robes noires qui vous poursuivent avec du papier timbré.

M. CHATEL.

Dieu me garde d'avoir de la rancune contre personne! Je suis tolérant, mes frères, très-tolérant. On persécute ma religion dès son aurore, et moi je respecte tous les cultes et ceux qui les inventent et les professent.

UN OUVRIER.

Et votre ancien associé, l'abbé Ozouf?

M. CHATEL, *avec fureur.*

Air : *Des fleurettes.*

Ce nom d'Ozouf m'enflamme,
Il me met hors de moi;
C'est un monstre! un infâme!
Un bélître sans foi.
Puissé-je à la potence
Voir accrocher ce scélérat!!

UN OUVRIER.

Tubleu! Monsieur le prélat,
Queu tolérance!

M. CHATEL.

Je ne puis retenir mon indignation quand j'entends nommer cet apostat.

UN OUVRIER.

Ça fait, M. l'abbé, qu'vous étiez deux pour faire la belle affaire de votre nouvelle religion; vous v'là tout seul pour le quart-d'heure; ça n'fait pas tout d'même une grande autorité.

M. CHATEL.

J'entends votre reproche;
Air : *Réveillez-vous, belle endormie.*

Mais en rien il ne me chagrine;
Il constate une vérité :
Si je suis seul de ma doctrine,
Peut-on nier son UNITÉ.

Je suis seul! Hélas! vous me faites sentir toute l'amertume de la perte que j'ai faite. O Saint-Estève! que ta mort laisse un grand vide dans ma vie. O Saint-Estève! c'est à toi que nous devons cet admirable livre, *l'Eucologe*, cet ingénieux travestissement des psaumes et des prières : à toi, homme éminemment rationel, spécialité de l'Eglise nouvelle, un de ses arcs-boutants, poète essentiellement religieux! Ah! si l'amour de mon prochain ne m'imposait pas l'existence, je ne sais à quelle extrémité je pourrais me porter ; car dans ma nouvelle doctrine, je n'ai pas encore décidé que le suicide fut un acte criminel.

Air de Joseph.

Ami, qui faisais mes délices,
Dont le choléra m'a sevré,
Lévite, échappé des coulisses,
Que ma main avait tonsuré!
Par ta mort, hélas! si cruelle,
Mon Eglise perd un appui ;
Saint-Estève était digne d'elle,
Et l'Eglise digne de lui. (*Bis.*)

Pleurez avec moi, mes frères, ce saint homme. Pleurez....... A propos, je vous préviens que ce précieux livre est en vente; on le donne pour rien, pour trente sous. Empressez-vous d'en acheter, car il n'y en aura pas pour tout le monde.

Air : *Avec les jeux dans le village.*

Le sexe pour cet opuscule
Doit être plein de bon vouloir.
C'est un meuble de ridicule,
Une parure de boudoir :
C'est l'entière métamorphose,
Des prières en madrigaux,
C'est de l'évangile à la rose,
Des psaumes à la Marivaux. (*Bis.*)

UN BOURGEOIS, *aux Ouvriers.*

Air *du Ballet des Pierrots.*

A votre bon sens j'en appelle;
Je suis sûr qu'il fera raison
De cette impiété nouvelle.
Sous le nom de religion,

Ah ! bien loin qu'elle vous éclaire ,
Dès son début , c'est du gâchis ,
Et du fond du cœur , le sectaire
N'est pas même de son avis.

UN OUVRIER.

Air : *A voltiger de belle en belle.*

Not' bourgeois , je n'suis pas si bête ;
Je ne crois pas à ce farceur :
Il a , lui , sa foi dans la tête ,
Moi j'ai la mienne au fond du cœur.
A M. Châtel :
M'sieu l'prélat des Gaules ,
J'levons les épaules ,
Car vos discours et vos écrits
Sont du gâchis. (*Bis.*)

CHŒUR UNANIME. (*Unanime exprime dans cette circonstance tout le monde.*)

Sont du gâchis. (*Bis.*)

LE BOURGEOIS.

Air : *A la toilette de ma Laure.*

Amis , que votre cœur rejette

La doctrine du faux docteur.
Restez toujours sous la houlette,
La houlette du bon Pasteur ;
Sur une barque aventurière,
N'allez pas risquer votre sort :
On n'arrive pas à bon port
En quittant la barque de Pierre. (*Bis.*)